AF561601

Dubuisson Ernest

148 L'intervention des États-unis

MINISTÈRE DE L'INSTRUCTION PUBLIQUE ET DES BEAUX-ARTS

MUSÉE PÉDAGOGIQUE

41, rue Gay-Lussac, 41

SERVICE DES PROJECTIONS LUMINEUSES

NOTICE SUR LES VUES

L'INTERVENTION DES ÉTATS-UNIS

PAR

Ém. DUBUISSON

PROFESSEUR-SUPPLÉANT AUX ÉCOLES ARAGO ET J.-B. SAY
ANCIEN MEMBRE DES COMMISSIONS D'EXAMEN DU DÉPARTEMENT DE LA SEINE

MELUN
IMPRIMERIE ADMINISTRATIVE

1917

La présente notice devra être renvoyée au Musée Pédagogique avec les Vues.

TABLE

ORDRE DES VUES

PRÉAMBULE

« Comme la France de Louis XVI avait donné son argent et son sang pour la croisade américaine, l'Amérique du Président Wilson donne aujourd'hui son argent et son sang pour la croisade que les peuples libres doivent soutenir contre l'oppression et la brutalité germaniques. La Fayette avait dit : « Nulle « ambition, nul intérêt particulier.... Le bonheur « de l'Amérique est intimement lié au bonheur de « l'humanité ». De même les États-Unis disent à leur tour : « Nulle ambition, nul intérêt particulier. « Le bonheur de la France est intimement lié au « bonheur de l'humanité. » (1)

Dans une communication remise au gouvernement russe le 10 juin, l'ambassadeur des États-Unis disait au nom de son gouvernement :

« Nous nous battons de nouveau pour la liberté du gouvernement des peuples par eux-mêmes et leur libre développement... Les États-Unis ne recherchent aucun profit matériel, aucune extension de territoire quelconque. Ils ne se battent pour aucun avantage,

(1) Lacour-Gayet : Conférence à la Sorbonne (20 avril), faite sur l'initiative de la Ligue maritime française.

pour aucun objectif égoïste personnel, mais pour la libération de tous les peuples exposés à l'agression des pouvoirs autocratiques ».

C'est donc avec un désintéressement absolu que la grande démocratie américaine a déclaré, le 4 avril dernier, la guerre aux Puissances Centrales. Elle veut la paix durable par la justice pour tous, et, en jetant dans le conflit le poids énorme de ses ressources, toutes ses forces de volonté et d'idéalisme, elle assure la paix. Si elle s'allie pour toujours avec les autres grandes démocraties du monde, la France, l'Angleterre, elle fera triompher pour toujours, sur toutes les autocraties, l'idée démocratique, et celle de la fraternité humaine définitive, et c'est une ère nouvelle qui s'ouvrira pour l'humanité. « Frères dans la même cause », a déclaré le Président Wilson à notre président du Conseil. Mais à la date historique où se mêlent en une étreinte fraternelle les plis soyeux de notre drapeau et ceux de la bannière étoilée, de légitimes curiosités se posent à l'esprit et au cœur de tous les Français.

Que peut nous donner l'Amérique ? Quelles ressources peut-elle mettre à la disposition des Alliés ? Quelle est la valeur matérielle et morale de son appoint dans le conflit actuel ? Comment son entrée en ligne peut-elle faire pencher définitivement, en notre faveur, la balance des forces belligérantes, dans l'équilibre de ces facteurs essentiels de la guerre et de la victoire : *hommes, navires, matériel, argent, forces morales* ?

A ces divers questions, nous tâcherons de répondre brièvement, mais pourtant de façon précise.

LES HOMMES

Pour constituer leur armée, les État-Unis ont 100 millions d'habitants, c'est-à-dire plus que l'Angleterre et la France réunies, presque autant que l'Allemagne et l'Autriche-Hongrie ensemble. Pourtant l'appoint des hommes est celui qui se fera sentir le moins rapidement. Les États-Unis n'ayant jamais désiré la guerre, leur armée rappelle un peu ce qu'était l'armée anglaise au début de la guerre : une armée active de près de 250.000 hommes, composée uniquement de volontaires ; une armée territoriale, sorte de garde nationale, d'un peu moins du double. Mais l'Américain du Nord est un homme à décision rapide et énergique. « Nous enverrons, s'il le faut, disait le Président Wilson, à l'occasion de la journée du Drapeau (14 juin), des millions de combattants....

Malheur à qui se met en travers de notre route! » Et, deux mois après la déclaration de guerre, la conscription, ayant été adoptée, a porté sur près de 10 millions d'hommes. A la suite d'un crédit de 16 milliards voté par la Chambre américaine pour les frais de guerre, le gouvernement de Washington décidait la création de deux armées de 500.000 hommes qui devaient passer l'océan, chacune à leur tour.

Le premier contingent débarquait en France fin juin dernier, et le général Pershing, qui l'avait précédé de quelques jours, pouvait dire avec fierté : « Les armées américaines arriveront toujours trop tôt pour nos ennemis ». Déjà une première coopération directe était décidée : 50.000 hommes, immédiatement envoyés en France pour être employés dans les différents services, sans compter un certain nombre de compagnies d'artillerie pour le personnel de l'artillerie lourde à grande puissance. Par une instruction intensive, les divisions américaines apprennent les éléments du métier militaire avant d'être envoyées sur le continent. En outre, un grand nombre de techniciens, d'ouvriers spécialisés sont mis à la disposition de la France pour travailler dans nos usines de guerre.

Si l'on veut mesurer le chemin parcouru en quelques mois, il suffit de rappeler la note suivante :

L'EFFORT DES ÉTATS-UNIS

Au 1er janvier prochain l'armée américaine comptera deux millions d'hommes.

« New-York, 6 août. — Un communiqué officieux de Washington donne le chiffre exact des forces américaines actuellement sous les drapeaux. Ce total est de 809.743 hommes, et il ne comprend pas les 40.000 jeunes gens actuellement à l'entraînement au camp de Plattsburg comme futurs officiers.

« Le fait que l'armée américaine dépasse aujourd'hui 800.000 hommes mérite d'autant plus d'être signalé que, le 2 avril, jour de la déclaration de la guerre par l'Amérique à l'Allemagne, l'armée régulière comptait en tout et pour tout 150.000 hommes et la marine 62.000 matelots. Le chiffre actuel a été obtenu simplement par des engagements volontaires, la convocation de la réserve et la mobilisation de la garde nationale.

« Le 1er septembre prochain, aux 800.000 hommes actuellement sous les armes s'ajouteront 687.000 hommes du premier contingent de la grande armée nationale, ce qui formera un total de 1.500.000 hommes en chiffres ronds. Le second contigent de 500.000 hommes devant être appelé quelques mois plus tard, l'armée américaine, aux environs du 1er janvier 1918, comprendra un total de 2.000.000 de combattants. » (1)

LA FLOTTE

Il ne s'agit pas ici de la flotte aérienne. On sait qu'avant la guerre, un grand nombre d'aviateurs américains se sont engagés au service de la France et que beaucoup d'entre eux sont tombés pour notre cause, ne voulant pas, suivant le mot de Bergson, *laisser à d'autres peuples le privilège du sacrifice.* L'effort des États-Unis pour assurer et maintenir, chez les Alliés, la maîtrise de l'air est suffisamment marqué par le vote d'une loi (15 juillet), ouvrant un crédit de 1 milliard 400 millions pour la construction de 22.000 aéroplanes.

La marine américaine, qui occupait le troisième rang parmi les marines du monde au début de la guerre, ne cesse point de progresser. Le budget naval qui était de 700 millions en 1913-1914, atteindra pour l'exercice 1917-1918 deux milliards de francs, somme dépassant toutes les prévisions qui avaient pu

---

(1) D'après une note parue dans le journal *Le Temps*, il y avait à la date du 1er octobre 1917, 687.000 conscrits dans les camps d'instruction et les forces des armées de terre et de mer s'élevaient à 1.270.000 hommes.

être faites. Aussi constitue-t-elle un très sérieux appoint pour les forces navales de l'Entente. Elle leur offre, pour peu que la guerre se prolonge, une réserve de forces colossales.

Cette flotte augmente de jour en jour : nous en verrons tout à l'heure un tableau d'ensemble qui nous donnera une idée de sa puissance. Mais, si la guerre est surtout devenue une guerre de transports, il faut se rappeler que la flotte marchande des États-Unis était, avant la guerre, la *deuxième* du monde, que les chantiers, en pleine activité, ont construit, à force, 200.000 tonneaux en 1914, 280.000 en 1915, 1.130.000 en 1916, etque, ayant remis en service les navires allemands confisqués dans leurs ports, elle sera en mesure, affirment les techniciens, avant un an, de livrer à la navigation de l'Atlantique une disponibilité de sept millions de tonneaux.

Pour combattre les sous-marins, les Américains nous ont envoyé leurs bateaux utilisables, et déjà ce danger semble aujourd'hui en voie de décroissance puis, ils se sont mis à construire immédiatement de très nombreux navires de commerce, afin de compenser le tonnage détruit et de maintenir la capacité de la flotte commerciale du monde. Les matière premières ne leur manquent pas : pour la constructio des coques, les forêts de la côte Pacifique assurent une ample provision de bois; les usines métallurgiques, de l'acier en abondance. Le travail du montage et la fabrication des moteurs exige une main-d'œuvre exercée, mais les Américains comptent vaincre cette difficulté par l'organisation du travail en séries et l'utilisation de toutes les ressources des machines : scies et outils mécaniques, riveteurs pneumatiques, etc. Suivant leur méthode, ils ont étudié et mis en chantier un plan uniforme de bateau léger et solide qui sera reproduit à un grand nombre d'exemplaires. C'est un cargo de 2.500 tonneaux, à voiles et à moteurs auxiliaires, à combustion interne, facile à construire. Le premier de ces navires sera lancé en octobre prochain, puis l'Amirauté en livrera chaque jour deux ou trois, de façon à fournir régulièrement 200.000 tonnes nouvelles par mois.

LE MATÉRIEL

Chaque mois de guerre voit s'accroître les besoins des belligérants en matériel: artillerie, munitions, aéroplanes, engins d'offensive et de défensive, matériel de traction, etc.

Or les ressources industrielles des États-Unis sont incalculables: plus de 60.000 usines sont outillées pour fournir du matériel de guerre aux Alliés. La production de quelques-unes dépasse toutes les prévisions : telles les usines Ford et Curtiss, qui peuvent construire, par an, la première 1.000.000 de camions automobiles, la seconde 5.000 avions.

Grâce à l'appel du président Wilson, 32.000 compagnies se sont mises à la disposition du Gouvernement pour fabriquer du matériel de guerre. A elle seule, la *United States Steel Corporation* se fait fort de dépasser d'un tiers toute la production métallurgique de l'Allemagne.

« Aux États-Unis, écrit M. V. Cambon, on chercherait vainement une ville qui ne se soit formée, ne se développe par l'industrie et pour l'industrie. Toutes naissent des œuvres d'Hercule, grandissent par les travaux de Vulcain et *font* de l'or, comme Plutus... Ce spectacle donne une impression ineffaçable de la puissance et de la fécondité de l'effort humain. La plupart de ces installations nous étonnent autant par leurs dimensions que par la vertigineuse activité dont elles sont le foyer. »

Si l'industrie a pris une extension aussi considérable, même inouïe, c'est grâce aux ressources du sous-sol. Aucun pays au monde n'est aussi complètement pourvu de richesses minérales de toutes sortes: combustibles, métaux précieux, métaux usuels. Les

États-Unis occupent le premier rang pour tous les combustibles, pour tous les grands métaux, sauf pour la production d'or et d'argent où ils occupent le second. Pour les trois matières les plus indispensables à l'industrie moderne, et l'on pourrait dire à la guerre actuelle, ils ont la primauté dans le monde entier : le *charbon* (1/3 de la production mondiale), le *fer* (40 p. 100), et le *cuivre*, plus de la moitié. Ils tiennent encore la première place pour la production du plomb ; la seconde, pour celle du pétrole et du zinc.

En 1914-1915, les États-Unis ont produit 500 millions de tonnes de houille, soit 36 p. 100 de la production mondiale, 50 millions de mètres cubes de pétrole, soit 62 p. 100, 50 millions de tonnes de minerai de fer, soit 41 p. 100. On peut juger de la production de l'acier, si l'on songe que, dès avant la guerre, 75 p. 100 de la production totale étaient forgés en Amérique. Les mines de fer du Minesota, autour du lac Supérieur, produisent à elles seules plus de minerai que la France entière, plus l'Algérie, n'en produisait avant la guerre. Les aciéries de Pittsburg et des vingt villes qui l'entourent coulent à elles seules le quart de l'acier qui se coule chaque année dans le monde.

Quel poids énorme et décisif mis dans la balance, sur le plateau des Alliés ! L'industrie des États-Unis travaillait pour eux dès les derniers mois de l'année 1914 ; aussi les exportations seront-elles, en ces trois dernières années, accrues dans une proportion vraiment inouïe. Vers l'Angleterre avant la guerre, elles s'élevaient à 2 milliards de francs ; en 1915-1916, à 9.250 millions ; vers la France à 630 millions au début, et l'an dernier, à 4 milliards 500 millions.

On estime, dit F. Maurette, à 17 milliards de francs, la valeur du matériel de guerre (canons, munitions, etc...) envoyé en deux ans et neuf mois par les États-Unis aux Alliés.

De tels chiffres se passent de tout commentaire. Donc, pour l'acier aucune inqiétude : la formidable production des États-Unis nous garantit de tout souci de l'avenir ; de même pour les explosifs. Notre industrie chimique de guerre fonctionne excellemment, et l'aide des États-Unis nous continuera puissante.

Pour la houille son transport de l'Alleghany à la côte, par les voies ferrées et fluviales, ne présente aucune difficulté ; son transfert à travers l'océan en augmentera le prix de revient et imposera un surcroît de travail à la marine marchande.

L'ARGENT

L'argent est le nerf de la guerre. C'est la suprématie financière des Alliés qui leur a permis de tenir jusqu'à présent. La France a pu contracter des emprunts qui ont réussi aussi bien chez nous qu'à l'extérieur. L'Angleterre, tout en faisant des avances considérables aux Alliés, a réussi des emprunts extraordinaires, dont le dernier a dépassé 25 milliards. Du reste, il suffit de comparer notre crédit avec celui de nos ennemis pour se rendre compte que la puissance financière des Alliés demeure encore la plus forte. Tout dernièrement, la valeur du mark en Suisse n'avait-elle pas baissé de 40 p. 100?

Mais il a fallu payer en or une partie des achats faits à l'étranger, et la guerre coûta chaque jour plus cher. Quel appoint financier les États-Unis nous apportent-ils pour soutenir la guerre jusqu'au bout?

L'oncle Sam a mis dans l'enjeu de la guerre une des plus grosses fortunes qui soient au monde.

Chacun de nous savait, bien avant la guerre, qu'il était riche excessivement : le proverbe de l'oncle d'Amérique s'applique, avec quelle ampleur, aujourd'hui ! aux enfants de la vieille Europe. Oui, les États-Unis sont riches : de la fécondité de leur sol, des trésors de leur sous-sol, de l'afflux toujours croissant de la main d'œuvre immigrante, du labeur enfiévré de ses habitants, de leur esprit d'initiative, et de l'audace, fortifiée par l'association de leurs industriels, de leurs banquiers.

S'il est reconnu qu'un des signes de la richesse d'un pays est fourni par le chiffre toujours croissant de l'excédent des exportations sur les importations (puisque l'argent qui entre ainsi dans ce pays n'en sort plus), il faut reconnaître que, depuis 22 ans, pas une année ne s'est écoulée sans que les États-Unis aient vendu aux pays étrangers beaucoup plus qu'ils ne leur ont acheté. L'excédent, qui était de 375 millions en 1895, a passé à 3 milliards 330 millions en 1908, et en 1913-1914 à 9 milliards 450 millions ; enfin, pendant la première année de guerre et pendant la seconde, à plus de *10 milliards et demi de francs.*

N'est-il pas étonnant qu'avec un tel régime, l'oncle Sam ait fait si rapidement fortune !

Au début de l'année 1916, le président Wilson déclarait : « Si la guerre dure encore un an, l'Amérique aura draîné la moitié de l'or en circulation dans le monde ». Le fait doit être accompli aujourd'hui : les États-Unis possèdent à eux seuls les quatre cinquièmes de l'or qui circule en Amérique. Si l'on chiffre à 40 milliards environ la masse de numéraire or qui existe sur la terre, on peut dire qu'aujourd'hui le groupe de l'Entente, sans les États-Unis, possède

18 milliards, les États-Unis 15, le reste du monde, y compris nos ennemis, 7. C'est donc plus des quatre cinquièmes de la fortune mondiale qui, grâce à l'entrée en guerre des États-Unis, se trouvent constituer maintenant le trésor de l'Alliance. La richesse américaine s'affirme capable de financer à la fois tous les besoins de l'Union et tous ceux des Alliés. Les emprunts nationaux de France ou d'Angleterre ont particulièrement bien réussi en Amérique. Le Congrès a voté une somme considérable sur laquelle 15 milliards seront prêtés aux Alliés. (1) Nous savons déjà que des avances ont été faites à l'Italie, à la Russie, à la France. Ainsi l'Union devient en même temps le banquier de l'Entente. Les statistiques officielles n'évaluent-elles pas à 96 milliards de francs le montant du dépôt dans les banques, et à 188 milliards de dollars le trésor colossal représenté par la fortune totale des États-Unis ?

Comment douter de ceux qui ont jeté dans la lutte, tout leur argent, toute leur puissance, toutes leurs forces accumulées de labeur et d'industrie devant ces paroles de l'un d'entre eux : « Jusqu'au dernier homme jusqu'au dernier sou, jusqu'au dernier battement de cœur ».

---

(1) A fin septembre, les sommes avancées aux Alliés s'élèvent déjà à 2.468.460.000 dollars. *(Le Temps.)*

LES ALIMENTS

De même que les États-Unis sont la *plus grande nation industrielle* par les richesses de leur sous-sol, ils sont devenus, par l'exploitation de leur sol, *la première nation agricole du monde*. L'agriculture américaine porte sur quatre branches principales :

1° *La culture des céréales*, concentrée dans le Centre-Nord, culture extensive, sans fumure, et qui emploie un outillage très perfectionné ; 20 p. 100 du blé, 32 p. 100 de l'avoine, 79 p. 100 du maïs que produit le monde entier y sont récoltés chaque année. Le maïs, céréale américaine par excellence, est en partie réservé pour la nourriture du bétail. Pendant les deux dernières années, les États-Unis ont envoyé, chaque année, pour 1.900 millions de francs de céréales et de farines et près de 5 milliards de francs de produits alimentaires en Europe.

2° *L'élevage extensif*, dans les prairies de l'Ouest, qui fournit aux abattoirs monstres de Chicago des millions de bêtes à cornes, et *l'élevage intensif*, dans le Centre et l'Est, où les produits sont fabriqués en grand dans de vastes établissements ont, fourni pour l'exportation européenne 660 milliards de salaisons de porc (lard, jambon, saindoux). Quant au sucre, son exportation a triplé et atteint 400 millions en 1914-1915.

3° *La culture du coton*, limitée aux régions chaudes et humides du Centre-Sud et de l'Atlantique-Sud, qui donne les deux tiers de la récolte universelle, est des plus importantes pour la fabrication d'explosifs. Aussi en a-t-il été exporté la première année de la guerre plus de 38.600 tonnes.

Les États-Unis sont à la fois un grenier et un cheptel pour les Alliés. Ils continuent de nous envoyer, autant qu'ils peuvent, des céréales, des fruits, des légumes, des viandes frigorifiées et des salaisons. Mais on comprend que, pour que le blocus devienne efficace, l'Amérique, qui nourrissait les neutres, ait, par un décret du 15 juillet, restreint les approvisionnements qu'elle leur faisait parvenir. Beaucoup de produits alimentaires parvenaient aux empires centraux par la voie de la Suisse, de la Hollande, de la Suède, etc... Désormais, et sauf des cas à prévoir, l'exportation des produits suivants est interdite pour tous les neutres : farines, céréales, viandes, graisses, charbon et coke, combustibles, pétroles, charbon pour navires, fourrages et nourritures de bétail, etc...

Par la note du 2 octobre, les États-Unis, refusant de reconnaître l'accord passé entre la Hollande et l'Allemagne, ont décidé de ne plus permettre le ravitaillement de nos ennemis.

L'APPUI MORAL

A la voix du Président Wilson prêchant la croisade pour le droit et la liberté des peuples, beaucoup de nations qui, jusqu'alors, avaient hésité à jeter leur épée dans la balance se sont ressaisies. Dès le 2 avril, neuf républiques : Cuba, Panama, Honduras,etc..... de l'Amérique centrale, plus la Bolivie et le Brésil (cinq fois grand comme la France) se sont dressés contre l'Allemagne. Et voici que la République chinoise, à son tour, entre dans l'arène. La République argentine exige satisfaction pour le torpillage d'un de ses vaisseaux. Au moment où le Congrès argentin se préparait à voter la rupture, sont arrivées les excuses de l'Allemagne. Mais l'opinion publique fut loin de se calmer. Surtout quand elle apprit que le consul de Suède à Buenos-Ayres transmettait des dépêches à nos ennemis sous le couvert de l'immunité diplomatique.

Les républiques du Pérou et de l'Uruguay ont rompu avec l'Allemagne, le 7 octobre.

L'Amérique latine s'est jointe aux peuples libres dans leur lutte contre le militarisme allemand.

Et c'est ainsi que la cause des Alliés est devenue celle de presque tout l'univers civilisé.

« La neutralité n'est plus possible ou désirable, disait Wilson, dans son message au Congrès, quand il y va de la paix du monde et de la liberté des peuples. Or, la menace contre cette paix et cette liberté réside dans l'existence de gouvernements autocratiques qui s'appuient sur une force organisée, dont ils disposent selon leur caprice et non selon la volonté du peuple. Dans de telles conditions, il ne peut plus être question de neutralité. »

Ainsi, de l'intervention de l'Amérique peut dépendre l'avenir de toutes les démocraties.(1)

Les États-Unis, en mettant au service de la Justice et du Droit leurs ressources infinies, ont mis en nos cœurs, au cœur de tout homme civilisé, une invincible espérance.

Dans un salut émouvant, adressé à la France, à l'occasion de la fête du 14 juillet 1917, le Président Wilson s'est écrié :

« La leçon de la Bastille n'est pas perdue pour le monde des peuples libres. Puisse le jour être proche, où, sur les ruines de la sombre citadelle du pouvoir sans frein et de l'autocratie sans conscience, une construction plus noble, édifiée, comme votre grande république, sur les éternels fondements de la Paix et du Droit, s'élèvera pour apporter la joie à un monde affranchi ».

---

(1) M. Lansing a rendu les plus grands services à la cause des Alliés, en perçant à jour les intrigues allemandes chez les neutres. M. Lansing est secrétaire d'État à Washington.

Ce rêve de l'après-guerre est-il réalisable? Cette « leçon de la Bastille », les peuples du centre sont-ils capables de la comprendre et de s'en inspirer? Tenus dans la servilité, le mensonge et l'hypocrisie par ceux qui les dirigent, mais voyant leur défaite prochaine, laisseront-ils affamer jusqu'au dernier enfant, écraser jusqu'au dernier soldat?

COMMENT LES ÉTATS-UNIS ONT CONQUIS LEUR INDÉPENDANCE

Ce qu'il y a de plus cher au cœur des Américains, c'est leur liberté ; toute leur histoire et toute leur organisation politique le prouvent.

C'est pour conquérir cette liberté que les treize colonies de l'Amérique du Nord refusèrent, pour le principe, d'acquitter un impôt de dix centimes par livre sur le thé, qui n'avait pas été voté par les colons. L'Angleterre envoya des troupes... ; les colons les reçurent à coups de fusil. C'est alors qu'un Congrès de délégués des treize colonies, réuni à Philadelphie, en octobre 1774, vota, sur le rapport de Jefferson et de Franklin, cette célèbre Déclaration des Droits que notre Assemblée Constituante a reprise quinze ans plus tard en l'amplifiant, et mise en tête de la Constitution de 1791, proclamant, devant toute l'Europe, les droits de l'homme et du citoyen.

L'Angleterre n'ayant pas admis les réclamations des colons, un nouveau Congrès, réuni deux ans plus tard, le 4 juillet 1776, déclarait l'Indépendance des colonies vis-à-vis du Royaume-Uni, ainsi que des autres puissances.

Une guerre s'ensuivit, où les armées américaines, commandées par Washington, après quelques échecs, obligèrent une armée britannique à capituler à Saratoga (1779).

Dès que fut connue en France la Révolution américaine, de nombreux volontaires, dont La Fayette, s'engagèrent. Une députation des « Insurgés » conduite par Benjamin Franklin vint en France solliciter l'appui de Louis XVI. Un traité d'amitié et de commerce fut conclu le 6 février 1778. Ainsi se noua une amitié qui, commencée sur les champs de bataille, se poursuivit dans la paix pendant plus d'un siècle, et aboutit de nouveau à la confraternité d'armes d'aujourd'hui.

Un corps expéditionnaire, commandé par Rochambeau, fut envoyé au secours de Washington et, tous deux obligèrent, en 1781, le général Cornwallis à capituler dans Yorktown. En même temps les flottes françaises et espagnoles, commandées par Grasse, Guichen, d'Estaing et le bailli de Suffren, luttaient avec avantage contre les escadres britanniques. Les neutres, que le blocus anglais gênait beaucoup, formèrent une ligue pour défendre leurs droits. Devant tous ces ennemis, l'Angleterre demanda la paix, et au traité de Versailles (3 septembre 1783) reconnut l'indépendance de ses anciennes colonies.

L'INTERVENTION DES ÉTATS-UNIS

N° 1. — **Deux cartes des régions de la côte atlantique : 1° avant la guerre d'Indépendance ; 2° à l'époque actuelle (carte extraite d'un indicateur de chemins de fer).**

La comparaison de ces deux cartes d'un même pays, à un siècle d'intervalle, offre plus d'un point intéressant. Elle nous montre tout d'abord le développement rapide et prodigieux des pays de l'Est atlantique. Là se sont établis au début du XVIe siècle les premiers centres de colonisation. Au temps de la reine Élisabeth, Walter Raleigh, son ministre, avait fixé quelques colons anglais sur une côte qu'il appela *Virginie*, en l'honneur de la reine vierge sa souveraine. Le pays situé entre l'océan et les montagnes des Alleghanys offrait un ensemble varié de pâturages, de forêts et de prairies ; il était habité par les tribus des Iroquois, des Hurons, des Ériés, des Ontarios, chasseurs et pêcheurs. Les fleuves profonds et larges offraient, aux débouchés de leurs estuaires, des endroits bien abrités, propices à l'établissement de ports. La côte américaine de l'Atlantique semble se rapprocher de la côte européenne. L'océan réunit les peuples plus qu'il ne les sépare. Aussi, dès 1618, les proscrits politiques et religieux que le despotisme des Stuart avait obligés à sortir de l'Angleterre, les puritains, les quakers et les catholiques débarquèrent en foule en Amérique. Les puritains formèrent l'établissement de Boston, qui devint plus tard la colonie du Massachusetts, puis d'autres dissidents formèrent le New-Hampshire, le Connecticut, le Rhode-Island. Charles Ier céda à lord Baltimore, pour y établir des catholiques, le Maryland (1632). A la suite du traité de Bréda (1667), qui mit fin à une guerre entre l'Angleterre et la Hollande, les trois colonies (New-York, New-Jersey, Delaware) furent réunies. Charles II partagea entre huit seigneurs les deux Carolines, et donna, en même temps, au chef des quakers, Guillaume Penn, le pays boisé qui prit le nom de Pennsylvanie. Avec la Virginie, dont nous venons de parler, et la Géorgie, fondée en 1733, on comptait, au milieu du XVIIIe siècle, treize colonies. Ces treize colonies étaient limitées à l'Ouest par les monts Alleghanys et une partie du cours de l'Ohio. En arrière, jusqu'au Mississipi, s'étendait le *Far-West*, « l'Ouest lointain », habité par des tribus de Peaux-Rouges. A la fin du XVIIIe siècle, on procéda au lotissement de ce domaine. Les frontières de chaque lot furent déterminées par des lignes droites tracées perpendiculairement du Nord au Sud, d'Est en Ouest. Aussitôt ouvert à la colonisation, chacun de ces lots était érigé en État indépendant et entrait dans l'Union, dès qu'il comptait 60.000 habitants.

En 1803, les États-Unis achetèrent à Napoléon la Louisiane, puis, successivement, ils acquirent la Floride (1810), achetée à l'Espagne, le nouveau Mexique, la Californie enlevés après une guerre avec le Mexique (1846-1848), l'Orégon, acquis de l'Angleterre, le territoire d'Alaska, acheté à la Russie en 1867.

Mais la carte de droite montre l'extraordinaire développement des voies de communication, lignes de cabolage, chemins de fer, etc... C'est dans les États du Nord-Est, où s'est développée la colonisation, que la densité moyenne est la plus forte.

Le centre de densité, c'est-à-dire le point autour duquel le nombre des habitants est le même sur tous les rayons tracés vers le pourtour, s'est constamment déplacé vers l'Ouest, le long du 39e parallèle : en 1790, il était à l'est de Baltimore, en 1900, au sud de Colombos. La multiplicité des lignes sur cette carte s'explique par la raison que la conception du chemin de fer, en Amérique, n'a pas été la même qu'en Europe. « Les Americains, en effet, n'ont pas connu, dit Victor Cambon, cette phase des diligences de la première moitié du XIXe siècle, pour la raison péremptoire qu'à cette époque, ils ne possédaient aucune route. La voie ferrée fut pour eux le prolongement du paquebot qui les avait amenés dans le Nouveau-Monde. Ils organisèrent d'emblée leurs trains de voyageurs à l'instar des aménagements qui régnaient dans leurs bateaux. Et ce fut plus tard chez eux que nos ingénieurs européens prirent modèle pour lancer sur les rails les grands express modernes ». Ainsi les États-Unis ont eu, dès le début, une avance et une supériorité qu'ils ont conservées, sur tous les autres pays dans la construction et l'exploitation des chemins de fer.

N° 2. — Les héros de l'Indépendance américaine.

WASHINGTON ET FRANKLIN

Deux hommes très différents ont joué un rôle capital dans la guerre de l'Indépendance américaine : Washington et Franklin.

George Washington, qui fut l'un des fondateurs et le premier Président de la République des États-Unis, était le fils d'un riche planteur de la Virginie. D'abord arpenteur à 16 ans, puis chef des milices de la Virginie, il se se prononça avec énergie pour la résistance aux prétentions de la métropole, et fut nommé en 1775, par le Congrès de Philadelphie, général en chef des troupes américaines. « Il avait, dit l'historien Guizot, à un degré supérieur, les deux qualités qui, dans la vie active, rendent l'homme capable de grandes choses: il savait croire fermement à sa propre pensée, et agir résolument selon ce qu'il pensait sans craindre la responsabilité ». Malgré l'infériorité du nombre de ses soldats, il réussit à maintenir ses hommes et à les entraîner à la victoire. Après la capitulation de Yorktown (1783) et la paix conclue, il dût calmer ses soldats que le Congrès voulait licencier sans leur avoir payé leur solde.

Après avoir rendu compte de sa gestion financière pendant la guerre, il était retourné dans sa propriété de Mount-Vernon pour reprendre ses travaux agricoles, mais la Constituante élue en 1784 par les États de l'Union le choisit comme président. Il ne lui suffisait pas d'avoir affranchi son pays; il fallait l'organiser.

A peine née, la jeune République traversait une période difficile: la division des partis, l'antagonisme des États, le mauvais état des finances, menaçaient d'étouffer la Fédération en son germe. Unis devant l'ennemi de leurs libertés, les Américains étaient divisés contre eux-mêmes. Washington parvint à mettre d'accord les partis opposés. Une convention se réunit à Philadelphie le 14 mai 1887 sous sa présidence; Franklin, John Adams, Maddison, Jefferson, Hamilton, Jay en furent les membres les plus actifs, et deux ans après fut proclamée la Constitution qui régit encore actuellement les États-Unis. Après avoir été élu président en 1789, réélu en 1793, Washington refusa le pouvoir qu'on lui offrait pour la troisième fois en 1797 pour se retirer à Mount-Vernon, où il mourut en 1799.

Une statue monumentale de Washington à cheval, offerte à la ville de Paris par la République américaine s'élève place d'Iéna.

Franklin (1706-1790) était le quinzième enfant d'un pauvre fabricant de chandelles, de savons et autres produits similaires de Boston. Son père ne put lui faire donner qu'une instruction très rudimentaire, car à dix ans il lui fallut commencer son apprentissage. Franklin a passé par toutes les conditions : fabricant de chandelles, typographe, imprimeur, publiciste, savant et homme politique. Il s'est formé lui-même grâce à sa sagesse, à son bon sens, à sa bonne humeur, à sa prévoyance,

Quand la guerre d'Indépendance fut déclarée, il vint à Paris solliciter l'alliance de la France en 1776. « Accueilli avec enthousiasme par la société lettrée et philosophique de ce temps: Turgot qui avait prédit l'émancipation des colonies américaines, Buffon qui avait poussé à la traduction en français des lettres de Franklin sur l'électricité, Malesherbes, Raynal, Mably, La Rochefoucauld, Condorcet, le savant médecin Cabanis, madame d'Houdelot, la veuve du célèbre Helvétius et tous les amis distingués qu'elle rassemblait autour d'elle firent assaut de courtoisie et d'hommages. Franklin gagna toutes les sympathies.

« Cet imprimeur physicien, ce républicain philosophe, vêtu de gros drap avec son bonnet garni de fourrure et ses longs cheveux gris sur ses épaules, au milieu de cette société polie, élégante et raffinée, vêtue de velours, de soie, de dentelles, étonna, plut par sa simplicité après avoir excité l'admiration par ses découvertes. On l'entoura, on le fêta ; il devint à la mode. On se mit à vendre partout son portrait en estampes et en gravures, en médailles et en médaillons, en bustes et en camées, en bracelets et en tabatières ; et Turgot fit ce vers latin que l'on écrivit au bas du portrait et à l'entour :

Eripuit cœlo fulmen, sceptrumque tyrannis.
Il prit au ciel la foudre et le sceptre aux tyrans. »
(E. DESCHANEL : Vie de Franklin.)

Grâce à son état, à sa finesse, Franklin réussit pleinement dans ses négociations.

Le 6 février 1778, il signa avec le roi de France Louis XVI, au nom des États-Unis d'Amérique, premièrement un traité d'amitié et de commerce, deuxièmement un traité d'alliance offensive et défensive. Dans une lettre écrite au président du Congrès, il disait : *La base du traité a été la plus parfaite égalité et réciprocité.*

N° 3. — Les héros de la guerre d'Indépendance.

LA FAYETTE (1757-1834)

Extrait du discours de M. Lacour-Gayet de l'Institut, prononcé à la Sorbonne le 20 avril 1917.

« Le 20 avril 1777, il y a, jour pour jour, cent quarante ans, de la rade de Passage au Pays basque, un petit bâtiment quittait la haute mer : il portait les couleurs de France et il s'appelait la *Victoire*. Ce beau nom lui avait été donné comme un heureux présage, par l'un des passagers qui l'avait acheté quelques semaines plus tôt à des armateurs de Bordeaux. Le propriétaire de la *Victoire* était un tout jeune homme, il avait à peine dix-neuf ans et demi : c'était le marquis de La Fayette. »...

Malgré l'opposition de sa famille, La Fayette réussit à quitter la France...

« Lorsque Washington, qui avait alors quarante-cinq ans vit venir à lui ce Français qui n'avait même pas vingt ans, qui s'exposait, volontairement et sans nulle nécessité, aux pires dangers, simplement pour être le soldat de la liberté, il se sentit pris pour lui d'une admiration profonde et d'une affection sincère, il se mit à l'aimer comme s'il était l'un des siens : « Soignez-le « comme mon fils, disait-il au chirurgien le jour où « La Fayette fut blessé, car je l'aime comme mon fils ». Et cependant le général républicain était peu expansif, son abord était froid. Mais comment n'aurait-il pas oublié la réserve naturelle devant ce gentilhomme de vieille race qui avait voué son corps et son âme à la cause de l'Indépendance américaine, qui avait tout quitté et qui ne demandait rien ? « Après les sacrifices « que j'ai faits, avait dit La Fayette, j'ai le droit d'exiger « deux grâces : l'une est de servir à mes frais, l'autre de « commencer à servir comme volontaire. »

« Tout ce qu'il y eut de beauté, de grandeur, d'héroïsme dans le geste de La Fayette, dans son désintéressement, dans son dévouement absolu, il n'est pas un compatriote de Washington qui alors ou depuis ne l'ait profondément ressenti. Une sorte de religion de La Fayette s'est fondée aux États-Unis: elle s'appuie sur deux sentiments de l'âme humaine qui sont à l'honneur de ceux qui les inspirent et de ceux qui les éprouvent: l'admiration et la reconnaissance. »

ROCHAMBEAU (1725-1807)

Entré de bonne heure dans la carrière des armes, il avait fait en 1742 les campagnes de Bohême, de Bavière et du Rhin. Colonel au régiment d'Auvergne, puis maréchal de camp en 1761, il s'était en toutes occasions signalé par ses qualités militaires qui lui avaient donné une expérience souvent mise à profit par les ministres de la guerre d'Aiguillon et le comte de Saint-Germain. En 1780, il fut nommé lieutenant général et envoyé en Amérique, avec 6.000 hommes de troupes. Débarqué à Rhode-Island, il rejoignit Washington et, grâce à la flotte commandée par l'amiral Grasse, il obligea Cornwallis à capituler dans Yorktown (1781) avec 8.000 hommes et 214 pièces de canon. Après la paix, le Congrès américain témoigna sa reconnaissance à Rochambeau en lui donnant deux des canons pris à l'ennemi. De retour en France, il reçut du roi le Cordon bleu et le commandement de la Picardie. En 1788, il siégea dans la seconde assemblée des Notables.

N° 4. — Capitulation d'Yorktown (19 octobre 1781), L'attaque, d'après une estampe.

C'est la capitulation d'Yorktown qui décida de l'Indépendance des États-Unis. Laissons, sur ce point, la parole, à l'histoire de France d'Ernest Lavisse.

Le 2 mai 1780, était partie de Brest une armée de secours que Louis XVI envoyait aux Américains. Elle était de 6.000 hommes, commandée par le lieutenant général comte de Rochambeau qui s'était distingué dans la guerre de Sept ans. Le 11 juillet, elle arrivait sur les côtes de Rhode-Island et commençait à débarquer à Newport, où malheureusement elle resta immobilisée un an.

Washington était paralysé par l'impuissance du Congrès à lui fournir des soldats et de l'argent. Les miliciens désertaient. Des régiments de Pennsylvanie se mutinaient et les amis de la paix et de l'Angleterre complotaient. Un officier américain, Arnold, qui commandait à West-Point sur la rive droite de l'Hudson et tenait bloqué du côté de la terre, dans New-York, le général Clinton, projetait de lui livrer ce « Gibraltar américain » (1)

Il fut découvert et s'enfuit, mais l'alarme avait été chaude. Au sud, le général anglais Cornwallis avait battu l'Américain Green dans la Caroline septentrionale et pénétré dans la Virginie (mars 1781). Affaibli par sa marche et ses succès, il s'établit à Yorktown, dans une presqu'île à l'entrée de la baie de Chesapeake, pour rester en communication avec la mer et les flottes anglaises. De Newport, Rochambeau avait fait une marche de 800 kilomètres pour rejoindre Washington et attaquer l'armée de Cornwallis. Il avait contourné New-York où Clinton était renfermé. Arrivé le 2 septembre, à Chester, à 20 kilomètres au sud de Philadelphie, il apprit que le marquis de Grasse, après des succès remportés aux Antilles, avait débarqué 3.000 hommes au cap Henry

(1) Faire passer la carte; cliché.

sur la côte sud du chenal d'entrée de la baie de Chesapeake. Cette petite armée avait fait jonction avec 1.500 hommes que commandait La Fayette, et occupé Williamsbourg à l'ouest de Yorktown. Washington et Rochambeau, arrivant par le nord, complétèrent l'investissement du côté de la terre. Grasse, ayant repoussé la flotte anglaise de Hood, le 5 septembre, était maître de la baie de Chesapeake et de la voie de la mer. Cornwallis était bloqué. Il ne put tenir contre un bombardement, et se rendit avec 22 drapeaux, 160 pièces de canon, 6.000 hommes et 1.500 matelots, le 19 octobre 1781. La nouvelle causa en France un énorme enthousiasme. Quand La Fayette revint à Paris, le 21 janvier 1782, il fut couronné de fleurs à l'Opéra. Louis XVI le fit maréchal de camp. « La pièce est jouée, disait La Fayette ; le cinquième acte vient de finir. » Les préliminaires de paix commencèrent, en effet, dès le mois d'octobre 1782.

N° 5. — **Grasse et d'Estaing.**

Le marquis de Grasse, qui avait collaboré avec l'armée de terre à la capitulation de Yorktown, était un marin de carrière.

Capitaine de vaisseau en 1762, chef d'escadre en 1779 et envoyé aux Antilles, il avait pris une part glorieuse aux batailles de la Dominique (1780), à la prise de Tabago (1781) et de Saint-Cristophe (1782); mais au moment où il se disposait à joindre la flotte espagnole, il fut entouré par des forces supérieures, dut amener pavillon et fut envoyé à Londres, comme prisonnier.

L'amiral d'Estaing, qui s'était déjà signalé dans la

guerre des Indes était parti de Toulon en 1778 pour appuyer les *insurgents*, mais une tempête soudaine dispersa son escadre devant Rhode-Island (11 et 12 août 1778) et il échoua également devant l'île de Sainte-Lucie.

L'année suivante, il put enlever cette île et la Grenade. Repoussé devant le port de Savannah, il revint en France en 1780.

N° 6. — Le salut du maréchal Joffre à La Fayette.

Les Américains ont le culte du souvenir. Avant la guerre actuelle, un certain nombre de villes s'honoraient d'avoir élevé des monuments aux chefs de la guerre d'Indépendance.

Aussitôt que la nouvelle fut connue aux États-Unis de la visite du maréchal Joffre et de la mission française, on décida à New-York que l'inauguration d'un monument à la mémoire de La Fayette serait présidée par le glorieux vainqueur de la Marne. Ce monument, œuvre du sculpteur Daniel Chester-French, se dresse dans Prospect-Park, à Brooklyn, sur l'emplacement même de la bataille de Long-Island, dans la guerre de l'Indépendance. Son érection, confiée aux soins du comité Brooklyn-Daily-Eagle, est due à la libéralité d'un habitant de Brooklyn, de souche française, M. Henry Harteau, qui se souvenait avoir, tout enfant, baisé la main de La Fayette, à son second voyage en Amérique en 1825.

N° 7. — Fête de l'Indépendance-Day à Paris. (Cliché de l'Illustration.)

Paris a célébré le 4 juillet 1917 « l'Independence-Day », l'anniversaire de la proclamation de l'Indépendance américaine avec un enthousiasme dont le souvenir restera ineffaçable.

Une revue eut lieu à l'hôtel des Invalides, où furent remis au général Pershing les guidons de commandement, une bannière en dentelles offerte par une délégation de la ville du Puy, ville natale de La Fayette, le fanion des volontaires américains de la légion étrangère ayant combattu pour la France; puis, à l'Hôtel de Ville, la municipalité et les hauts fonctionnaires reçurent les troupes américaines. Enfin, au cimetière Picpus, où se trouve le tombeau de La Fayette, d'émouvants discours furent prononcés par l'ambassadeur des États-Unis, le ministre de la guerre. Le colonel Stanton, prenant la parole au nom du général Pershing, proclama avec fierté : « La France est accourue vers nous lorsque l'Amérique combattait pour son indépendance. Nous n'avons pas oublié. La Fayette, nous voilà ! »

Cette invocation, prononcée sur un ton de mâle énergie et de ferme résolution, produisit sur l'assistance une grande impression.

Sur le passage du cortège et des troupes américaines, de touchantes manifestations de sympathie eurent lieu. Tel le geste gracieux de cette jeune parisienne offrant des fleurs à un cavalier américain, symbolisant, par cet élan spontané, l'accueil de toute une ville, de tout un peuple aux descendants de ceux qui cent trente-sept ans auparavant acclamaient les soldats de Rochambeau débarquant en Amérique.

N° 8. — Le Président Wilson.

Le président de la République des États-Unis, chef du Pouvoir exécutif, est élu pour quatre ans et rééligible par un collège d'électeurs nommés par les États en nombre égal à celui de leurs représentants au Congrès. Le Président est seul responsable; il est assisté de ministres qui sont simplement ses secrétaires, qu'il choisit et renvoie comme il lui plaît en dehors du Congrès. *Le Gouvernement n'est donc pas parlementaire,* comme en Angleterre ou en France ; les pouvoirs du Président de la République aux États-Unis sont plus étendus que les pouvoirs de la plupart des rois constitutionnels en Europe.

Le Président Wilson, dans une note très ferme adressée le 21 avril à l'Allemagne, avait exigé qu'elle renonçât à ses procédés atroces de guerre sous-marine. Le torpillage du *Sussex,* succédant à celui du *Lusitania,* avait soulevé en Amérique un cri de réprobation unanime dont le Président s'était fait l'écho dans sa note. Les pirates de la mer n'avaient-ils pas poussé le cynisme jusqu'à bafouer leurs victimes ? Dans toute l'Allemagne, ils avaient fait frapper des médailles (chefs-d'œuvre de bon goût) représentant la mort qui distribuait des billets aux passagers du *Lusitania*. On sait de quelle façon insolente l'Allemagne a répondu à cette mise en demeure, et ce qu'il en est advenu. Le message du 20 avril, lu aux Chambres américaines, dans lequel le Président flétrissait à jamais l'Allemagne et sa guerre de piraterie sous-marine, laissait entrevoir une intervention américaine. « Nous devons agir, disait-il, nous le devons au respect de nos propres droits comme nation, et à notre sens du devoir comme représentants des droits des neutres du monde entier. »

La physionomie du président Wilson est maintenant populaire dans le monde entier. De traits réguliers, bien accentués, elle accuse un caractère réfléchi, froid, mais résolu; elle respire l'énergie tranquille, et aussi la droiture, la décision inébranlable de celui qui disait : « C'est servir la démocratie, c'est servir la civilisation que de vaincre l'Allemagne. Nous devons y employer toutes nos ressources, toute notre ténacité, toute notre énergie ». La grande figure du Président Wilson se détachera de ce livre d'or de l'histoire des États-Unis sous les traits symboliques de l'apôtre moderne du Droit, de la Justice, de la Liberté.

N° 9. — Le Capitole à Washington.

Le Capitole est le siège du Congrès des États-Unis. Le Congrès qui exerce le pouvoir législatif se compose de deux assemblées : le Sénat et la Chambre des représentants. Les sénateurs sont élus à raison de deux par État, quel que soit le chiffre de la population. La Chambre des représentants est élue pour deux ans, au suffrage universel, le nombre des représentants étant, pour chaque État, proportionnel au nombre des habitants (37 pour New-York, 32 pour la Pensylvannie, 3 pour la Floride). En outre le Capitole abrite la *Suprême Cour de Justice* qui représente le pouvoir judiciaire; elle est composée de neuf juges nommés à vie par le Président. Cette Cour suprême est une des originalités de la Constitution des États-Unis, dans laquelle sont nettement séparés les trois pouvoirs : exécutif, législatif, judiciaire. Elle est un tribunal d'arbitrage en cas de conflit, soit entre les États, soit entre le Congrès et le Président. Elle a le pouvoir d'annuler toute décision qu'elle juge contraire à la Constitution, même sur la seule requête d'un particulier.

Le Capitole, dont la première pierre fut posée par Washington en 1792, est un immense édifice d'une longueur de 230 mètres; au centre se trouve une rotonde en grès blanchi, dominée par une coupole de 87 mètres de haut. De chaque côté du Dôme s'étendent deux ailes de marbre blanc auxquelles on accède par d'immenses perrons et qui abritent chacune une des assemblées.

C'est là que le 6 avril 1917, sur la proposition du Président Wilson, la Chambre des représentants des États-Unis votait la déclaration de guerre à l'Allemagne, que le Sénat avait déjà votée, deux jours auparavant, à la presque unanimité des voix.

N° 10. — Les soldats américains débarquent en France.

C'est le lundi 23 juin que les navires transportant les premiers contingents de troupes étaient signalés en vue des côtes. Déjà l'arivée du général Pershing à Paris et son inoubliable réception avaient marqué comme le symbole de l'intervention décisive de la Grande République américaine dans le conflit mondial.

Ainsi, bravant les sous-marins allemands, l'avant-garde d'une armée pareille aux plus puissantes par l'organisation et le courage venait rejoindre son chef et, pleine de confiance et d'entrain, s'apprêtait à seconder la France et ses Alliés dans le grand effort final pour le triomphe de la civilisation.

L'histoire retiendra ce jour où les descendants de Washington, ayant à leur tour traversé l'océan, venaient sur le vieux continent servir la cause de la liberté que les ancêtres des Français d'aujourd'hui les ont aidés eux-mêmes à conquérir à la veille de la Révolution.

Dans la clarté d'une fraîche matinée que voilait à peine une légère brume de mer, ce fut un tableau splendide, en sa simplicité toute militaire, que l'arrivée de la flottille au pavillon étoilé : toute une escadre croisait en bon ordre vers le port, avec une allure majestueuse. Lorsque les transports furent à quai, le débarquement commença : celui du matériel d'abord ; toiles de tentes, caisses de viande conservée, de biscuits, de sucre, etc. Accoudés aux bastingages, les hommes regardent curieusement.

N° 11. — **Après le débarquement : L'arrivée des premiers contingents américains en France.**

Le 25 juin suivant, les navires portant les troupes américaines se montraient au large d'un port français de l'Atlantique, escortés par un navire de guerre. Le soir même, le débarquement commençait. On voit ici les bataillons, aussitôt débarqués, s'aligner et attendre le signal du départ pour le camp.

N° 12 — **L'entrée au camp.**

Un bataillon fait son entrée dans le camp, musique en tête, sous les yeux des prisonniers allemands qui travaillent à construire des baraquements.

N° 13. — Portrait du général Pershing.

Le chef de l'armée américaine en France est âgé de 57 ans, mais il paraît beaucoup moins âgé. De haute stature, large d'épaules, il donne une impression d'extrême énergie. Débutant comme sous-lieutenant au 1er régiment de cavalerie, il fut promu capitaine en 1901.

Il participa à de nombreuses expéditions et devint professeur de tactique à l'école militaire de West-Point. Il suivit, comme attaché militaire en Mandchourie, le corps d'armée du général japonais Kuroki. Il eut ainsi l'ocasion de se familiariser avec la tactique de la guerre moderne, ses méthodes, ses énormes mouvements de troupes.

Récemment chargé d'un commandement à la frontière mexicaine, dans un raid à la poursuite du général mexicain Villa, il a donné à la fois des preuves d'audace et de prudence, deux qualités en apparence contradictoires, mais qui se fondent dans le caractère américain.

N° 14. — L'hôpital américain de Neuilly (extérieur).

Ce n'est pas seulement d'une manière indirecte que nos amis des États-Unis sont venus au secours de nos blessés, a dit M. Millerand, dans une remarquable conférence faite à la Sorbonne sur : l'Effort charitable des États-Unis.

Ils ont fondé en France des hôpitaux. Un nom vient tout de suite aux lèvres : celui de l'*American Ambulance* de Neuilly, hôpital bénévole n° 2 *bis*. Parmi les infirmières, on trouve les noms de Mme Gordon Bennet, de Mme Vanderbilt, de Mme Munroë; il faudrait les citer toutes.

C'est le premier en date des hôpitaux de guerre donnés à la France par les puissances étrangères. Dès le mois d'août 1914, il était ouvert. Ses dépenses s'élèvent actuellement à 7 ou 8 millions de francs. Il comporte, sous la haute direction du Dr du Bouchet, des services chirurgicaux, en particulier des services de la restauration faciale particulièrement remarquables. Il occupe les vastes locaux du lycée Pasteur. Chacune de ses salles porte le nom d'une ville, grande ou petite, des États-Unis. Il compte environ 600 lits, sans parler de l'hôpital de Juilly (250 lits) et de plusieurs annexes aux environs de Paris qui hospitalisent les convalescents.

N° 15. — L'hôpital de Neuilly (intérieur).

Quiconque a pénétré dans l'hôpital américain n'en saurait perdre le souvenir. L'installation est vraiment une merveille à tous les points de vue. Chaque chirurgien a pour collaborateur les aides ou infirmières amenés d'Amérique à tour de rôle. Les étudiants des Universités des quarante-sept États viennent travailler sous la direction des maîtres, dont, à Baltimore, à Washington ou à Boston, ils ont suivi les cours.

L'hôpital possède une centaine d'ambulances automobiles munies, pour un grand nombre, d'une plaque indiquant le nom du donateur. Elles transportent les blessés entre la gare de la Chapelle et les différentes formations sanitaires de Paris et des environs. D'autres, par sections de 10 voitures, se rendent au front où elles sont placées sous l'ordre de l'autorité militaire.

Enfin l'œuvre de l'*Ambulance* américaine a à sa disposition un train sanitaire qui peut transporter 250 blessés, et un hôpital de campagne sous tente de 180 lits, desservi par 10 voitures-ambulances qui ont rendu sur la Meuse les plus précieux services.

N° 16. — New-York, vu à vol d'oiseau.

Supposons que l'aéroplane, très perfectionné, permette de traverser l'Atlantique, et que nous arrivions à New-York en planant à une altitude de 4 ou 500 mètres, nous aurons alors la vue qui est projetée maintenant. Une baie de l'océan Atlantique est au-dessous de nous, c'est la Upper-Bay ou baie Supérieure, la rade de New-York. Dans cette baie aboutissent deux cours d'eau.

A droite (est), l'East-River est un bras de mer séparant du continent Long-Island ou l'île Longue, qui s'étend vers l'est. A gauche (ouest), le fleuve Hudson, long cours d'eau descendu du nord par Albany. La partie inférieure porte, on ne sait pourquoi, le nom de North-River ou rivière du Nord, et sépare l'État de New-Work de celui de New-Jersey. Entre les deux, une longue péninsule, qu'un canal à moitié naturel, la rivière Harlem, transforme en une île.

C'est Manhattan où s'étend la ville proprement dite de New-York; celle-ci s'est développée au-dehors de Manhattan, et, depuis 1903, a englobé les villes voisines de Brooklyn, Long-Island-City, Richmond-Queens, Broux, formant ainsi une agglomération de plus de 4 millions d'habitants répartis sur une immense superficie de 83.700 hectares. Elle laisse du reste en dehors de ses limites, sur la rive droite de l'Hudson, la grande ville de Jersey-City, et celle de Hoboken, qui sont de véritables faubourgs et comptent plus de 300.000 habitants. Les Américains, très fiers de posséder la seconde ville du monde, la surnomment Empire-City, c'est-à-dire la ville Empire ou Impériale. Examinons la vue plus en détail. Deux grands ponts traversent East-River. Le plus célèbre est le plus au sud, Brooklyn-Bridge. C'est le plus grand pont suspendu du monde. Il s'élève à 41 mètres au-dessus des plus hautes eaux; la portée entre les piles est de 487 mètres; sa longueur totale, avec les rampes qui commencent en pleine ville des deux côtés, est de 1.825 mètres. Le tablier, large de 26 mètres, donne passage à deux voies ferrées, deux passages pour voitures et tramways, et un large chemin pour piétons. Il est soutenu par des piles hautes de 82 mètres, d'où partent d'énormes câbles formés de 23.000 kilogrammes de fil d'acier. La circulation y est intense, surtout aux heures du matin ou du soir où les ouvriers, employés, hommes d'affaires qui habitent Brooklyn se rendent à leur travail ou en reviennent.

Plus au nord, on vient de construire le grand Street-Bridge, et on en projette un sur l'Hudson, encore plus considérable. Les deux rives de East-River sont bordées de plusieurs rangées de bateaux, particulièrement de chalands qui sont venus, par l'Hudson et les canaux, des Grands Lacs et de la région industrielle de Pittsburg.

L'Hudson, au contraire, est bordé, sur ses deux rives, par les « piers », où viennent accoster les grands paquebots transatlantiques de France; « Cunard Line », « White-Star Line » etc., d'Angleterre ; « Hamburg-Amerika » d'Allemagne, etc. D'innombrables « ferry-boats » ou bacs à vapeur traversent incessamment les deux rivières.

L'île de Manhattan renferme là ville de New-York proprement dite... Celle-ci s'étend sur au moins 16 kilomètres de longueur du nord au sud, avec une largeur maxima de 3 kilomètres et demi. (D'après la notice de M. KERGOMARD.)

N° 17. — La statue de la Liberté.

Lorsqu'on pénètre dans la rade de New-York, on aperçoit tout de suite dans la petite île de Bedloë une statue gigantesque. Elle s'élève sur un piédestal de 47 mètres de haut; elle représente une femme le bras levé et tenant en l'air une torche servant de phare. La hauteur de la statue est de 46 mètres; c'est l'œuvre du sculpteur français : Auguste Bartholdi. Elle fut offerte à la République américaine par la République française. On y pénètre par un escalier qui s'élève jusqu'à l'intérieur de latête. A l'Exposition de 1878 où cette tête parut pour la première fois, on put y offrir un banquet de 40 couverts.

Le bras levé contient aussi un petit escalier qui permet d'arriver jusqu'à la torche, entourée d'un balcon où l'on peut se promener.

N° 18. — Le quartier des sky-skrapers : à gauche la Woolworth-Building.

La position topographique de New-York, étroite langue de terre qui s'avance entre l'estuaire de l'Hudson et celui de l'East-River, a nécessité cette accumulation de buildings, hauts de cent coudées, qui se pressent dans la partie extrême de ce long promontoire, et barrent l'horizon comme une crémaillère géante à dents inégales. Une légende ancrée chez beaucoup de nos compatriotes veut que les Américains habitent des immeubles de 20, 30, 50 étages. Or, personne aux États-Unis ne demeure dans ces bâtisses, si ce n'est vraisemblablement les concierges.

Les buildings, comme leur nom l'indique, sont exclusivement des bureaux où les hommes d'affaires entrent à 8 heures du matin, telles des abeilles dans une ruche, pour en ressortir en foule compacte à 6 heures sonnant...

Les *sky-skrapers* (égratigne-ciel) sont variables de hauteur et de surface, donc très inégaux en valeur. Il en est de 2 millions, il en est de 16 millions de dollars. Certains sont desservis par 2, les plus grands par 26 ascenseurs.

La visite des *sky-skrapers* est une curiosité nationale, non seulement à cause de la multitude d'hommes affairés qui y travaillent, souvent au nombre de plusieurs milliers, mais par l'organisation d'ensemble extraordinaire qui y préside. Chacun d'eux est une sorte de cité luxueuse et d'une tenue irréprochable. (V. Cambon : États-Unis et France.)

Le *Woolworth-Building*, de New York, commencé en 1911, aujourd'hui complètement achevé, est bien la plus haute et la plus grande maison qui existe au monde. Il dépasse beaucoup les autres *sky-skrapers*, les autres gratte-ciel déjà si nombreux en Amérique et particulièrement à New-York. Sa construction a coûté 60 millions de francs. La hauteur de l'édifice au-dessus du sol est de 228 mètres; le bloc tout entier, y compris les fondations, atteint 275 mètres, presque la hauteur de la tour Eiffel. Avec ses 55 étages, le Woolworth-Building domine de beaucoup tous les autres gratte-ciel de New-York. La circulation dans cet immense immeuble est assurée par 24 ascenseurs, 2 monte-charge et 1 ascenseur spécial pour la tour; cet ascenseur parcourt un trajet en hauteur de 211 mètres. Le Woolworth Building est aménagé pour 10.000 personnes qui peuvent y vivre complètement, travaillant, mangeant, dormant, sans avoir besoin de sortir de l'immeuble. Dans le sous-sol sont installés des boutiques, un café, un restaurant pour 500 personnes, une cave de dépôt de valeurs..., au rez-de-chaussée se trouvent 18 boutiques et 13 étalages. Le premier et le second étage sont occupés par la National-Bank, le Broadway-Trust-Company, les services postaux et téléphoniques. Les étages supérieurs sont utilisés par de nombreux bureaux d'avocats, de manufactures, de chemins de fer, d'ingénieurs, etc...

N° 19. — **Une filature de coton.**

Depuis les derniers mois de 1914, l'industrie des États-Unis travaille pour la guerre et ravitaille les Alliés. Dès 1914-1915, les exportations de coton dont le total s'élevait à 1.950 millions de francs, en comportaient 850 pour l'Angleterre et 140 pour la France. L'industrie du coton s'est adaptée à la guerre sur le territoire même de l'Union. Dans le premier trimestre de 1917, 38.000 tonnes de coton ont été consacrées à la fabrication d'explosifs.

Rappelons que les États-Unis fournissent les deux tiers de la récolte universelle et que c'est de leur production que dépend l'industrie cotonnière dans le monde entier.

La culture du cotonnier, cantonnée dans le Sud, trouve des conditions de sol et de climat de tous points favorables : terres d'alluvion du Mississipi ou terres dues à la décalcification des marnes du sud-ouest des Appalaches, étés longs et chauds avec pluies abondantes. Les terres de l'Atlantique-Sud, cultivées en coton, dans la proportion de 95 p. 100 forment le *cotton-belt*. La production d'un pays s'évalue par le nombre de *broches* : on appelle ainsi les tiges de fer supportant les bobines autour desquelles s'enroule le fil de coton. Les États-Unis comptent plus de 20 millions de *broches*.

N° 20. — Une manufacture d'armes.

Les commandes des Alliés aux États-Unis atteignaient au début de la guerre un chiffre de 8 ou 10 milliards de francs. Pour satisfaire de tels besoins, le territoire s'est transformé en un immense arsenal. Des villes entières se sont créées ; d'autres ont été adaptées aux nécessités de la lutte et se sont développées d'une manière prodigieuse. Les Américains ont, en matière de constructions, le génie de l'improvisation : ils échafaudent des cités sur les terrains vagues; là-bas la fonction ne tarde pas à créer l'organe. Aux environs d'une ancienne usine, toutes les maisons, tous les terrains vagues sont rapidement achetés : en quelques semaines de vastes bâtiments de briques s'élèvent les uns à côté des autres. A côté d'une fabrique de cartouches déjà existante, une manufacture d'armes composée de dix-huit bâtiments s'installe, et en cinq mois des milliers de maçons, de charpentiers, de couvreurs, parviennent à édifier tout un quartier métallurgique : les machines se trouvent en place avant même que la dernière pierre soit posée. Depuis, jour par jour, fusils, baïonnettes, etc..., sortent automatiquement de l'usine et sont expédiés selon les contrats aux puissances de l'Entente.

C'est ainsi que dans une ville importante du Connecticut, le gendre de Rockefeller, déjà propriétaire d'une importante manufacture de cartouches, a su y adjoindre une manufacture d'armes dont le rendement est venu encore accroître sa prodigieuse fortune.

De véritables arsenaux se sont organisés sur divers points du territoire : Pittsburg, Philadelphie, Chicago, centres métallurgiques extrêmement importants en temps ordinaire, ont accru leur activité dans des proportions considérables à la suite des commandes que les Alliés ont passées.

L'United States Steel Corporation, qui, par sa puissance, a pratiquement la maîtrise du commerce des fontes et aciers aux États-Unis, a produit en 1915 de 5 à 6 millions de tonnes. Dans ses usines, 200.000 ouvriers travaillaient pour nous, au début de la guerre, à la fabrication du matériel d'artillerie ; d'autres usines ont entrepris, par millions, la fourniture des obus de 75 ; d'autres encore nous expédiaient — surtout aux Russes — du matériel de chemin de fer, des locomotives rapidement construites des voitures, des camions automobiles. Plus de quatre cents usines étaient organisées pour la fabrication de véhicules automobiles..... Les commandes de guerre, de toute espèce, faites par les Alliés atteignaient 8 à 10 milliards.

N° 21. — Vue générale de l'atelier de montage n° 2 des usines de Bethléem.

Les États-Unis sont la première puissance du monde au point de vue de la production minérale et métallurgique. L'acier destiné à la fabrication du matériel de guerre est surtout produit par certaines aciéries voisines de Pittsburg et de Philadelphie, telles que la Bethléem Steel C° et la Midwale Steel C°. Ces puissantes usines sont entre les mains de syndicats qui ont trusté un certain nombre de chantiers s'occupant de constructions navales et de fournitures de matériel d'artillerie. La Société des aciéries de Bethléem, une des plus anciennes usines métallurgiques des États-Unis (puisque sa fondation remonte à l'année 1857), constitue aujourd'hui un groupement analogue aux grandes usines européennes Schneider, Krupp, etc.; elle a réuni sous une même autorité ses usines de South-Bethléem, près de Philadelphie, ses trois chantiers navals du Massachusetts, de Californie et de Delaware, ses fonderies et ateliers de machines de New-Jersey, ainsi que les forges de Titusville. Comme son mode d'approvisionnement en minerais ne lui donnait pas toute satisfaction, la Société de Bethléem n'a pas hésité, sous l'impulsion énergique de son président, à acquérir à Cuba et au Chili d'immenses mines de fer. Une flotte de steamers spéciaux transporte les minerais du Chili à Philadelphie, via Panama ; un chemin de fer et des appontements ont été créés pour embarquer 10.000 tonnes par jour. La production annuelle des aciéries de South-Bethléem était avant la guerre de 780.000 tonnes de fonte et de un million de tonnes d'acier. La Compagnie s'est principalement consacrée à la construction de canons de marine de gros calibre montées dans des tourelles organisées de façon à permettre le tir sous tous les angles. Les canons de 355 m/m. qui forment l'armement des cuirassés américains ont été fournis par ces aciéries, ainsi que les pièces de gros calibre qui défendent l'entrée du canal de Panama et la place forte de Cavite (Philippines). Elles ont en outre fourni aux puissances alliées, avant l'intervention des États-Unis, de nombreux obusiers de campagne et des canons de tous calibres qui font actuellement merveille contre l'artillerie de Krupp et de Skoda.

L'atelier de finissage des canons de gros calibre nous montre un certain nombre de pièces d'artillerie commandées par le gouvernement italien.

N° 22. — Un des canons de 14 pouces des cuirassés américains nouvellement mis en service.

Les États-Unis, ayant constitué une flotte de cuirassés de vitesse homogène mais de plus en plus longs, gros et puissamment armés et protégés, ont été amenés à augmenter la puissance de leur artillerie. En quelques années les canons ont passé du calibre de 12 pouces à celui de 16 ; mais l'artillerie moyenne est de 5 pouces sur toutes les unités récentes, ce qui correspondrait, le pouce étant de 27 m/m., à un calibre de 135 m/m.

Le canon de 14 pouces, représenté par le cliché, envoie à 13 km. 500 un projectile du poids de 634 kilogrammes ; un canon de 16 pouces envoie à 16 kilomètres un obus de 951 kilogrammes. L'Angleterre a actuellement des canons de 17 et même de 18 pouces et la presse américaine préconise leur emploi sur les nouveaux cuirassés à construire. (*Nature*, du 3 mars 1917.)

N° 23. — Deux cuirassés de la flotte des États-Unis.

Le cliché montre deux unités de la flotte de guerre des États-Unis :

Le *Nevada* ne fut complètement terminé qu'en 1915. La vue le représente arrivant à la Revue navale de New-York, photographié du haut du pont de Manhattan, le 25 octobre 1915. C'est un cuirassé de 29.000 tonnes, filant 21 nœuds, armé de dix canons de 14 pouces, de vingt canons de 5 pouces et de quatre tubes lance-torpilles.

Les dangers de la navigation commerciale, par suite de la guerre sous-marine allemande et surtout le désastre du *Lusitania*, avaient montré aux Américains la nécessité de renforcer leur flotte.

Une véritable campagne d'opinion commença en 1915, marquée par l'exposition à New-York de la Ligue de Sécurité nationale, par la Revue navale de la flotte de l'Atlantique, par la croisière des volontaires civils, etc... En même temps, toute la presse réclamait de nouveaux navires : cuirassés, croiseurs, sous-marins.

Cette campagne aboutit en 1916 au vote d'un important programme naval. Le département de la marine s'engageait à construire en trois ans : 10 cuirassés, 6 croiseurs de bataille, 20 croiseurs éclaireurs, 50 destroyers, 58 sous-marins et 15 navires auxiliaires. Ce programme immédiatement mis à exécution permettra à la marine des États-Unis de reprendre le deuxième rang dans le monde, immédiatement après l'Angleterre.

Le cuirassé *Pennsylvania* que l'on voit à droite du cliché possède un déplacement de 31.500 tonnes, une vitesse de 21 nœuds, un armement de douze canons de 14 pouces, vingt-deux canons de 5 pouces et quatre tubes lance-torpilles.

Les combats sur mer au début de la guerre ayant montré l'utilité des unités rapides pour rendre la navigation libre sur l'océan, l'Amirauté américaine a prévu et mis en chantier d'autres unités encore plus puissantes. La vitesse sera augmentée de moitié, le déplacement atteindra 34.000 tonnes, leur force motrice sera de 18.000 chevaux, leur armement de trente-trois canons de différents calibres et de huit tubes lance-torpilles, de façon que les nouveaux croiseurs cuirassés soient aussi armés que des cuirassés et aussi rapides que des torpilleurs.

N° 24. — Un monitor et des sous-marins à la Revue navale de New-York.

Les États-Unis possèdent une flottille de sous-marins, d'une valeur très inégale il est vrai. Les 75 sous-marins, actuellement en service ou en construction, ne peuvent guère servir qu'à la défense des côtes et des ports. Mais le programme naval de 1916 a prévu la mise en chantier de sous-marins de haute mer d'un déplacement de 800 tonnes, de tous points comparables aux sous-marins récents des flottes belligérantes.

La vue représente le *monitor Tonopah* et les sous-marins *E. 1, F. 2, D. 2, D. 1, B. 3* à la Revue navale de New-York.

On donne le nom de *monitor* à un bâtiment de guerre, de moyen tonnage, bas sur l'eau, très fortement cuirassé et muni d'une artillerie de gros calibre. Les Américains en ont fait un grand usage pendant la guerre de Sécession comme garde-côtes et pour protéger l'entrée des cours d'eau. Ce type paraissait abandonné : la guerre actuelle le remet en usage.

Pour ce qui est de la marine marchande, le directeur général de l'*Emergency-Fleet-Corporation* annonçait officiellement le 14 juillet dernier que des contrats étaient passés pour la construction de 448 navires en bois ayant un tonnage total de 1.600.000 tonneaux, et de 77 navires en acier d'un tonnage total de 600.000 tonneaux. En plus, il sera procédé à l'établissement de deux chantiers énormes pour construire exclusivement 400 navires d'un tonnage de 2.500.000 tonneaux, le tout devant être fini dans dix-huit à vingt-quatre mois. Ces 400 derniers vaisseaux seront d'une construction uniforme en acier et en bois ; ils jaugeront chacun 6.000 tonneaux.

Ajoutons que le budget naval qui était de 762 millions en 1913-1914, est passé à 1.600 millions en 1916-1917 et qu'il atteindra, pour l'exercice 1917-1918, 2 milliards de francs, somme dépassant toutes les prévisions qui avaient pu être faites.

N° 25. — La flotte américaine.

Le cliché représente une vue d'ensemble de la flotte américaine, d'après un croquis de l'*Illustration*, numéro du 14 avril 1917. Dès la rupture avec l'Allemagne le

Gouvernement des États-Unis avait mobilisé l'ensemble des forces navales de l'Union, afin d'assurer, dans le plus bref délai possible, leur coopération avec les flottes de l'Entente. Ces forces navales, au début de 1915, se décomposaient de la façon suivante :

1° Trente-quatre cuirassés de ligne ;

2° Quatorze croiseurs cuirassés ;

3° Seize croiseurs protégés ;

4° Dix petits croiseurs et canonnières ;

5° Soixante-neuf destroyers de 410 à 1.100 tonnes ;

6° Vingt et un torpilleurs de 103 à 340 tonnes ;

7° Cinquante-deux sous-marins de 125 à 1.000 tonnes en plongée ;

8° Des navires de toute classe, sans valeur militaire, mais qui trouveront certainement leur emploi.

En ce moment, cinq cuirassés de ligne de 32.000 ton. et 21 nœuds : *New-Mexico, Mississipi, Idaho, Californie* et *Tennessee* sont en achèvement ou en cours de construction. Ces navires seront armés de douze canons de 350 m/m., répartis dans quatre tourelles triples axiales et vingt-deux de 127 m/m. Une nouvelle série de quatre cuirassés de ligne, de 32.000 tonnes et 21 nœuds, a été commandée au début de cette année. Ces navires seront armés de huit canons de 406 m/m. en quatre tourelles doubles et vingt-deux ...

Enfin un grand nombre de navires de flottilles : éclaireurs, destroyers, sous-marins sont entrés en service récemment, ainsi que les chasseurs de sous-marins à grande vitesse sur lesquels on n'a pas encore de renseignements techniques précis.

Le département de la marine des États-Unis est animé d'un vif esprit novateur. Les plus vastes programmes (nous venons de le voir), les conceptions les plus hardies ne l'effraient pas. Aussi, dès l'apparition du cuirassé anglais *Dreadnought,* qui marquait une ère nouvelle des navires de combat, la marine adopta un type unique de grosse artillerie et ensuite les tourelles à trois canons.

Grâce à l'abondance de la matière première et à l'excellence de leur outillage, les chantiers américains peuvent entreprendre la construction de navires de toute espèce et l'achever dans un temps relativement court.

Tout récemment, les États-Unis ont converti en transports les navires allemands sequestrés. Le *Vaterland,* le plus grand transatlantique allemand, interné à New-York depuis le début de la guerre, est aujourd'hui prêt à prendre la mer sous pavillon américain. Transformé en transport, il peut prendre à bord 10 000 passagers. Quinze autres vaisseaux allemands seront bientôt à même de recevoir la même destination.

N° 26. — Tableau de la production des États- Unis.

Si nous jetons un coup d'œil sur le tableau, nous pouvons avoir une idée de la valeur industrielle et agricole de notre nouvel allié.

Les États-Unis, quatorze fois plus étendus que la France ou que l'Allemagne, apparaissent vraiment comme le premier pays agricole et industriel du monde. Ils peuvent sans difficulté, se suffire à eux-mêmes, car rien ne leur manque.

On sait l'importance primordiale du combustible. Or, l'Union est le premier pays producteur de houille comme le premier pays producteur de pétrole. Nous constatons, en consultant le tableau, qu'à eux seuls, ils produisent 32 p. 100 de la houille et 62 p. 100 du pétrole extraits du globe. Ils arrachent de leur sol plus de houille que l'Allemagne et l'Angleterre réunies. L'exploitation de la houille qui atteint aujourd'hui 500 millions de tonnes se fait dans sept grands bassins houillers, dont l'étendue dépasse un million de kilomètres carrés, soit deux fois la France. Comme l'exploitation est relativement récente, l'extraction du charbon y est plus facile, moins coûteuse qu'en Europe : on est loin d'avoir épuisé les réserves qui paraissent illimitées.

La même primauté existe pour les métaux.

Les États-Unis produisent plus de la moitié du cuivre du monde, la moitié de l'aluminium, 41 p. 100 du fer, 35 p. 100 du zinc, 32 p. 100 du manganèse, 29 p. 100 du plomb et voilà de quoi fabriquer tous les obus nécessaires à la guerre et d'autres encore.

Sur les plateaux des montagnes Rocheuses, dans la région des grands Lacs, on trouve de gigantesques mines de cuivre, rationnellement exploitées ; ces fonderies de cuivre de l'Union sont les plus importantes du monde entier.

Les États-Unis produisent autant de minerai de fer, à eux seuls, que la France, l'Angleterre et l'Allemagne réunies. Ils viennent, au second rang, après le Mexique, pour la production de l'argent; au second rang également, après l'Afrique australe, pour la production de l'or. A ce propos, puisque le précieux métal est le nerf de la guerre, il n'est pas indifférent de rappeler que l'Afrique australe fournit 40 p. 100 de la production totale, l'Australie 13,5 p. 100, l'Union américaine 22 p. 100, la Russie 7,5 p. 100 soit en tout 83 p. 100. Si nous ajoutons la quantité d'or produite par le Canada, l'Inde anglaise, la Côte de l'Or, Madagascar etc..,on peut dire que 97 p. 100 de l'or extrait annuellement du sol, comme près de 70 p. 100 du fer, et au moins 60 p. 100 de la houille proviennent des pays de l'Entente.

Comment n'être point vainqueur dans une guerre industrielle quand on dispose de pareilles ressources?

Même supériorité au point de vue agricole : 66 p. 100 du coton viennent des États-Unis, 22 p. 100 de l'Inde, 10 p. 100 de l'Égypte et ces chiffres représentent déjà la presque totalité de la production du monde qui est de 4 millions de tonnes.

Si 20 p. 100 du blé viennent des États-Unis, 17 p. 100 de Russie, 11 p. 100 de l'Inde, 9 p. 100 de France, l'exportation était déjà considérable, avant la guerre ; elle atteignait le tiers de la récolte : sans doute elle tend à augmenter.

Quant au maïs, nos nouveaux alliés produisent les quatre cinquièmes de la récolte universelle; ils peuvent donc nourrir plus du tiers des porcs qui grognent sur la machine ronde, soit une cinquantaine de millions d'individus. Joignez à cela, pour avoir une idée de l'énormité des troupeaux, les 70 millions de bêtes à cornes, les 60 millions de moutons, les 27 millions de chevaux ; comparez ces chiffres aux nôtres ou à ceux de l'Allemagne et vous aurez une idée de la valeur formidable de l'appoint agricole américain.

Pour que cette production ait toute son efficacité pour nous, il faut résoudre la question des transports, chasser le sous-marin allemand de l'océan, augmenter l'action de la marine guerrière et marchande. Nous venons de voir que la glorieuse flotte américaine s'y emploie fraternellement avec la nôtre.

« Devant le danger mortel qui menace la civilisation, la France et l'Amérique, dit M. Bergson, devaient nécessairement se dresser ensemble contre l'ennemi du genre humain. Elles défendent, certes, leur indépendance, mais aussi l'indépendance des autres peuples. Là est la grandeur de la lutte actuelle: elle aboutira, par l'écrasement des puissances d'oppression et de haine, à la libération de l'humanité! »

9 octobre 1917.

www.ingramcontent.com/pod-product-compliance
Lightning Source LLC
LaVergne TN
LVHW010038230826
846091LV00005B/1769

* 9 7 8 2 0 1 2 8 7 6 8 5 9 *